21 साल के आस-पास

Chaos of Tennager's Life

Ashish Chandra Sharma

BookLeaf Publishing
India | USA | UK

Made with ❤ on the BookLeaf Publishing Platform
www.bookleafpub.in
www.bookleafpub.com

Dedication

यह काव्य संग्रह उन **बेनाम भावनाओं** के नाम, जिन्हें शब्दों का सहारा नहीं मिला।
यह उन **स्मृतियों** के नाम, जो समय की धूल में दबकर भी, किसी कोने में अब भी जीवित हैं।

"सपनो की स्याही से लखी गई यह किताब,
आपको आपकी अपनी कहानी सुनाएगी "।

Preface

कविता मेरे लिए अभिव्यक्ति का एक माध्यम नहीं, बल्कि **जीवन जीने की एक शैली** रही है। यह संग्रह मेरे हृदय के उन अनुभवों, विचारों और कल्पनाओं का एक आईना है, जिन्हें मैंने अलग-अलग समय और परिस्थितियों में महसूस किया है।

इस पुस्तक में, आपको प्रेम की मधुरता से लेकर विरह की वेदना तक, प्रकृति के शांत सौंदर्य से लेकर मानवीय मन के गहन द्वंद्व तक, भावनाओं के विभिन्न रंग मिलेंगे। हर कविता एक क्षणिक ठहराव है, एक गहरी साँस है, जो आपको उस पल में ले जाएगी जहाँ वह रची गई थी।

मेरा उद्देश्य केवल शब्दों की कारीगरी करना नहीं, बल्कि **एक संवाद स्थापित करना** है—एक ऐसा संवाद जो पाठक के मन के किसी कोने को छू जाए और उसे यह महसूस कराए कि उसकी अपनी भावनाएँ भी इन पृष्ठों पर जीवंत हैं। मैं आशा करता हूँ कि ये कविताएँ आपके जीवन के सफर में एक मीठा पड़ाव बनेंगी, और आप इनमें अपना कोई अंश ढूँढ पाएँगे।

नींद में सपनों का आना तो कुदरत की ख्वाहिश है
सपनों का नींद चुराना तो जज़्बातों की फरमाइश है।

- लेखक की कलम से

Acknowledgements

इस काव्य-यात्रा को पूर्ण करने में कई लोगों का अमूल्य सहयोग रहा है, जिनके प्रति मैं हृदय से आभार व्यक्त करता हूँ।

- सबसे पहले, मैं **अपने इष्ट अदि देव श्री विश्वकर्मा भगवान** का आभारी हूँ, जिन्होंने मुझे यह संवेदनशीलता और दृष्टि दी कि मैं जीवन के सूक्ष्म अनुभवों को शब्दों में पिरो सकूँ।
- मेरे **परिवार** और **मित्रों** का धन्यवाद, जो मेरे विचारों के पहले श्रोता रहे, और जिनके प्रोत्साहन ने मुझे लगातार लिखने के लिए प्रेरित किया। उनके धैर्य और प्यार के बिना यह संभव नहीं था।
- उन **सभी कवियों और लेखकों** के प्रति मेरा आभार, जिनकी रचनाओं ने मेरे भीतर काव्य-चेतना को जगाया और मेरे लेखन को आकार दिया।
- **Book Leaf Publisher** और पूरी टीम का विशेष धन्यवाद, जिन्होंने मेरे इस स्वप्न को मूर्त रूप देने के लिए अथक परिश्रम किया और इसे पाठकों तक पहुँचाने में सहायता की।
- अंत में, सबसे महत्वपूर्ण, मैं **पाठकों** का आभारी हूँ। कविता का जीवन तब शुरू होता है जब कोई उसे पढ़ता है। आपका समय और स्नेह ही मेरे लेखन की सच्ची सफलता है।

आपका आभार

[आशीष चन्द्र शर्मा]

सफ़रनामा

1. संघर्ष का श्रृंगार

जो ऊंचाई के डर से उड़ना छोड़ दे वह परिंदा कैसा,
जो कंकड़ देख चलना छोड़ दे वह राही कैसा,
जो लहरों के डर से सागर में जाना छोड़ दे वह नाविक कैसा,
जो जलने के डर से चमकना छोड़ दे वह सूरज कैसा,

अगर गुलाब बनना है तो कांटो के बीच खिलना होगा,
सूरज सा चमकना है तो जलना होगा,
नौका पार ले जानी है तो लहरों से भी लड़ना होगा,
खुले आसमां में बिचरना है तो डर छोड़कर उड़ना होगा,
अगर मंजिल पानी है तो पथरीले रास्तों पर भी चलना होगा,

हे मुसाफिर तू चलता रह ,लड़ता रह, बढ़ता रह I

-----x-----x-----

2. सपनों की राह

घरों से निकले कुछ उम्मीदो के साथ,

दूर हुए अपनों से कुछ सपनों के साथ,

संघर्षों का दौर है कुछ कष्टों के साथ,

पगडंडिया बन रही कुछ कांटों के साथ,

मंजिल भी दिख रही कुछ सितारों के साथ,

हम भी चल रहे मुस्कुराहट के साथ I

-----x-----x-----

3. जीवन ही तो है

जीवन ही तो है,
कभी आशा कभी निराश,
फिर भी कुछ कर गुजरने की अभिलाषा।

जीवन ही तो है,
कभी राजा कभी रंक,
फिर भी मन में मस्ती के रंग।

जीवन ही तो है,
कभी प्रश्न कभी समाधान,
फिर भी आगे बढ़ने का अरमान।

जीवन ही तो है,
कभी हार कभी जीत,
फिर भी आगे बढ़ाने की रित।

जीवन ही तो है,
कभी इश्क कभी रुसवाई,
फिर भी उनकी परछाई।

जीवन ही तो है,
कभी खुशी कभी गम,
फिर भी हौसले बुलंद।

जीवन ही तो है,
कभी रिक्तियां कभी पंक्तियां,
फिर भी लिखने की शक्तियां।

-----x-----x-----

4. तन्हाई के पल

माना यह तन्हाई है
बस पल भर की ए जुदाई है

औरों की क्या बात करें
खुद से खुद की लड़ाई है

मंजिल हमने देख लिया
बस पल भर की और चढ़ाई है

ए मंजिल ना कर तू गुरुर इतना
बता देंगे तुझे पाने का है शुरूर कितना

-----x-----x-----

5. नारी की गाथा

हो जग का कल्याण तो तुमने
जगतजननी ममतामई पालनहारिणी बन,
इस धरा पर अवतार लिया
इस जग ने तुमको उसी से बांध दिया ।

तुमने इस जग पर अपना सब कुछ वार दिया,
होकर कैद चार दिवारी में तुमने सभी का सम्मान किया।

तुमने पहले सभी का पेट भरा, खुद निर पी शयन किया,
जग ने तुम्हारा धर्म बता कर उस बंधन से बांध दिया ।

पर भूल गई तुम पितृ सत्ता के अहंकार को,
भूल गई तुम अपना अस्तित्व उसके के भार में,
उसने तुमको पर्दे के पीछे भुला दिया ।

पितृ सत्ता का जहर घुल गया पूरे संसार में,
घुटने लगी जगत जननी अपने ही परिवार में ।

चली जो शिक्षा की बयार, खुलने लगी कैद की दीवार।

अब जागी है वह शक्ति, जिसने सृष्टि को था जन्म दिया।
तोड़ के बंधन, ज्ञान का सूरज, हर कोने में है भर दिया।

ना सहेंगी अब कोई अन्याय, ना झुकेंगी किसी के आगे।
अधिकारों की मशाल उठाकर, हर अँधियारे से भागे।

वो डॉक्टर है, वो इंजीनियर है, अब वो अंतरिक्ष की और चली ।
हर युग की वो प्रेरणा है, खुद में ही है अब वो गति।

हर घर की वो ज्योति है, हर समाज की वो शान बनी।
अब नहीं किसी पर निर्भर वो, खुद अपनी वो पहचान बनी।

अभी भी हैं कई राह में कांटे, पर वो नहीं डरेगी,
अपने सपनों की उड़ान भरेगी , अब वो नहीं ठहरेगी I

नसीब का खेल पलटेगा, जब वो खुद को पहचानेंगी,
हर चुनौती को हंसते-हंसते, वो बहादुरी से सुलझाएंगी। I

चलो संग में खड़े हों, हर नारी की आवाज बनें,
हाथ में हाथ डालकर, सभी के साथ चलें। I

उलझनों से भरा मार्ग, अब वो खुद ही सफर करेंगी,
आसमान की ऊँचाइयों को, अपने रंग से भरेंगी ।I

-----x-----x-----

(दादी,नानी एवं माँ के जीवन से प्रेरित)

6. जीवन का अर्जित

धन दौलत नहीं है जीवन का अर्जित

अश्रु संग जनक -जननी
के चेहरे पर मुस्कान,
वह कर्म है मेरे अर्जित I

हार कर भी ना झुके,
वह हौसला है मेरा अर्जित I

गिरकर फिर संभलना,
वह कला है मेरी अर्जित I

बहनों का निश्चल प्रेम,
वह मुस्कान है मेरे अर्जित I

नम आंखों से हो विदाई,
वह दोस्त है मेरे अर्जित I

समझ सके एक दूसरे को,
वह भावनाएं हैं मेरी अर्जित I

आस्था से जुड़े मेरे हाथ,
वह श्रद्धा है मेरी अर्जित I

मदद को उठे जो मेरे हाथ,
वह विश्वास है मेरा अर्जित I

कर सकूं सबका सम्मान,
वह मान है मेरा अर्जित II

-----x-----x-----

7. हां अंतर है

हां अंतर है ,
रसोई के चौके में और मैदान के चौके में ,
एक हाथ बांधता तो दूजा हाथ खोलता।

हां अंतर है ,
घर की सीमा में और मैदान की सीमा में,
एक बेड़िया जोड़ता तो दूजा बेड़िया तोड़ता।

हां अंतर है ,
देवी की मूरत में और देवी सी सीरत में ,
एक स्थिर खड़ी तो दूजी रण में लड़ी।

हां अंतर है ,
पुरानी रीतियों में और कीर्तियों में ,
एक सर झुकता तो दूजा सर उठाता ।

हां अंतर है ,
घर में लड़ने में और घर से लड़ने में ,
एक मोह मांगता तो दूजा बदलाव मांगता।

हां अंतर है , पर अंतिम नहीं ,
यह है कल की शुरुआत नई।।

-----x-----x-----

(भारतीय महिला क्रिकेट टीम के विश्वकप जीत से प्रेरित)

8. राम राज्य

राम राम तो गूंज उठा,
रामराज्य कहा से आएगा II

कर्म राम के निश्छल थे,
कर्म तुम्हारे छलिया है,
राम राम तो गूंज उठा,
रामराज्य कहा से आएगा।

धर्म राम का पावन था,
धर्म तुम्हारा रावण है,
राम राम तो गूंज उठा,
रामराज्य कहा से आएगा I

त्याग राम का जीवन था.
जीवन तुम्हारा बंधन है.
राम राम तो गूंज उठा,
रामराज्य कहा से आएगा I

अटल राम का वचन था,
वचन तुम्हारा बहरूपिया,

राम राम तो गूंज उठा,
रामराज्य कहा से आएगा I

निस्वार्थ राम का प्रेम था
प्रेम तुम्हारा लोभी है
राम राम तो गूंज उठा
रामराज्य कहा से आएगा I

राम राम तो गूंज उठा
रामराज्य कहा से आएगा II

-----x-----x-----

9. रंग- ए- मोहब्बत

तू जो पलके झुकाए चांद भी शर्माए,

तू जो मुस्कुराए सितारे भी चमचमाए,

तू जो बलखाए पवन भी इठलाऐ,

तू जो गुस्साए रवि भी छुप जाए,

तू जो बातें करें नदिया की धारा भी रुक जाए,

तू जो खिले उपवन भी ललचाए,

तुम कली हो यूं ही खिलती रहो,

हर पल यूं ही निखरती रहो,

जीवन में खुशियों के रंग भरती रहो।

-----x-----x-----

10. उनकी अनमोल सुंदरता

उनकी आँखों की वो अभिलाषा,
जैसे हो वो कोई परिभाषा।

उनको समझने की हर जिज्ञासा
मन में भरती एक अभिलाष।

उनके रूप में है ऐसी रवानी,
जिसमें छुपी है एक पूरी कहानी।

उनकी मुस्कान में है ऐसा जादू,
जैसे चांदनी रात में तारे बेकाबू।

उनके मुख से शब्दों की माला,
जैसे कल कल बहती नदी की धारा।

उनकी जुल्फ़े यूं लहराएं,
जैसे फूल उपवन में इतराएं।

उनके होंठों की मस्तियाँ,
जैसे भँवरों की अठखेलियाँ

उनके रूप में बहता है एक भाव
जो हर क्षण देता मन को छांव।

-----x-----x-----

11. महिला मित्र - दोस्ती की नई सरहद

समाज ने जो बुना था, वो बस एक छलावा निकला,
दोस्ती के इस रूप से, इंसानियत का नया उजाला निकला।

कौन कहता है कि लड़का-लड़की दोस्त नहीं हो सकते?
क्या रूह के रिश्ते, ज़माने की धूल नहीं धो सकते?

कभी दोस्त के नज़रिए से, तुम दोस्त बनाकर तो देखो,
पुराने उस चश्मे को, ज़रा हटाकर तो देखो।

न ये जिस्म की कशिश है, न ये कोई वासना का घेरा है,
ये दोस्ती का वो उजला सबसे हसीं सवेरा है।

इस रिश्ते की कोमलता में, एक अलग ही सुकून है,
न मेरा है, न तेरा है, बस दोस्ती का जुनून है।

लड़कियाँ क्या सोचती हैं, ये समझ हमें दिलाती है,
एक स्त्री के नज़रिए से, दुनिया देखना सिखाती है।

मर्द को दर्द नहीं होता," यह कह कर हमें पत्थर कर दिया,

ज़ज्बातों को सीने में दबाकर, भीतर ही भीतर ज़हर भर दिया।

पर वो दोस्त सिखाती है कि आँसू बहाना कोई कमज़ोरी नहीं,
इंसान होना ज़रूरी है, सिर्फ सख्त दिखना कोई मज़बूरी नहीं।

वो सिखाती है मन की बात, बेझिझक लबों पे लाना,
तभी टूटता है इस समाज का, पुराना ताना-बाना।

नखरे किसी एक की जागीर नहीं, यहाँ दोनों का ही राज है,
इस दोस्ती में न कोई राजा, न कोई तख्त-ओ-ताज है।

नोक-झोंक की इस धूप में, एक ठंडी सी छाँव है,
ये वो रिश्ता है जहाँ रूह रखती अपना पाँव है।

इस रिश्ते में एक मधुरता है, एक रेशमी सा अहसास है,
जहाँ न 'तेरा' कुछ है न 'मेरा', बस भरोसे की प्यास है।

वो बस एक 'दोस्त' है, और ये पहचान ही काफी है,
पुरानी सड़ी सोच के लिए, अब कोई न माफी है।

-----x-----x-----

12. परिवारः एक बदलती परिभाषा

कल तक जो 'हम' था, आज 'मैं' और 'तुम' में सिमट गया,
आंगन का वो बरगद, अब गमलों में बंट गया।

भीड़ में खड़े होकर भी, खुद को तनहा पाते हैं,
हम अपने ही घर में, अजनबियों से हाथ मिलाते हैं।

न सामाजिक लोकलाज है, न परंपराओं का मान,
सुविधा के अनुसार अब, बनते-बिगड़ते हैं खानदान।
साथ बैठकर भी सब गुम हैं, भूल गए साथ रोना-धोना
क्यूंकि सबका अपना एक अलग कोना है।

कल जहाँ दादा की डाँट में भी एक सुरक्षा का घेरा था,
आज वहाँ प्राइवेसी के कमरे में सिर्फ अंधेरा है।

वो जो शाम को छत पर बैठकर दुख बाँटा करते थे,
अब वही सोशल मीडिया पर खुशियाँ छाँटा करते हैं।

इंडिविजुअलिटी के शोर में, सामाजिक नियंत्रण खो गया,
संस्कारों का वो पुराना पहरेदार, अब थक कर सो गया।

दीवारें उठीं नहीं, पर प्राइवेसी का पहरा है,
रिश्तों का समंदर अब शांत तो है पर गहरा है।

भीड़ तो अब भी है घर में, पर संवाद कहीं खो गया,
हर कोई अपने ही सेल-फोन की दुनिया में सो गया।

बेहतर दिखने की होड़ और अकेले लड़ने की मजबूरी,
बढ़ा रही है अपनों के बीच ही एक मानसिक दूरी।

कुछ बेड़ियाँ टूटी हैं, तो कुछ सपने भी जागे हैं,
लोग अब अपनी खुशी के पीछे, पहली बार भागे हैं।

जाति-धर्म की दीवारें अब, उतनी ऊंची नहीं रहीं,
प्यार ने अपनी राह चुनी, जो सदियों से नहीं कही।

उंगली पकड़ कर चलना नहीं, अब साथ उड़ना सिखाते हैं,
लिबरल माता-पिता, अब बच्चों के दोस्त बन जाते हैं।

न बंदिशें हैं, न डराकर अनुशासन का पाठ ,
आधुनिक परिवार की, यही है नई ठाठ ।

बदल रहा है रंग, बदल रही है परिवार की ये परिभाषा,
खोया है कुछ हमने, तो जगी है एक नई आशा।

चुनौती बस इतनी है, कि निजता के इस दौर में ,
इंसानियत का धागा न टूट जाए, इस शोर में।

-----x-----x-----

13. अधूरी मोहब्बत

तेरा गम उसका भी गम है ,
मत हो दुखी उसकी भी आंखें नम है।

रहना था हमें साथ हर दम,
पर दूरियों का सितम है ।

उसकी यादें तेरे मन में ,
उसकी बातें तेरे लब पे हैं ।

माना कि तेरा दिल टूटा ,
पर उसका दिल भी तो पत्थर नहीं ।

उसकी भी चंद ख्वाहिशें थी ,
पर कोई फरमाइशें ना थी।

उसने बस साथ ही तो मांगा था तेरा ,
पर उसके लिए वह भी मुकम्मल ना हुआ ।

तू जो चल रहा है मंजिल तो पा लेगा ए मुसाफ़िर ,
पर वह मंजिल भी अधूरी है हमसफर के बिना।

तेरा गम भी उसका भी गम है,
मत हो दुखी उसकी आंखें भी नम है।।

-----x-----x-----

14. तन्हाई ए मोहब्बत

छोटी-छोटी खुशियों में तू ढूंढ ले ख़ुशबू इतना,

मुस्कान की चाँदनी में छिपा है दर्द कितना ,

आँखों में बसी ख्वाहिशों की धूप को बिखेर इतना ,

उन लम्हों की यादों से खुद को बेफिक्र कर इतना,

जंजीरों को तोड़ खुद को खुद में कर ले मशगूल इतना,

दुनिया के फितूर से हो जाएगा तु दूर इतना,

तन्हाई का मस्त ए आलम देगा तुझे सुकून इतना,

यह फ़लसफ़ा खुद से इश्क करने पर कर देगा मजबूर इतना।।

-----x-----x-----

15. खुद से मोहब्बत की दास्तां

जमाने ने हमें जो दर्द दिया,
तनहाई में हमने महसूस किया I

जमाने ने हमें जहाँ छोड़ दिया,
खुद को खुद में समेट लिया I

जमाने ने हमें जहाँ तोड़ दिया ,
खुद से खुद को हमने वहीँ जोड़ लिया I

जमाना यूं ही गुस्ताखियां करता रहा,
हम देखकर उसे यूं ही मुस्कुराते रहे I

जमाने को क्या पता कुदरत का खेल,
हमने खुद में ही खुद को पा लिया है I

जमाना जमाने में उलझता रहा,
हम खुद से खुद को सुलझाते रहे I

अब तन्हाई हमें निहारने लगी,
इशारों इशारों में बातें होने लगी I

तन्हाई यू दिल में बसने लगी ,
मोहब्बत खुद से खुद की पनपने लगी I

-----x-----x-----

16. दिल्ली की एक घटना

लड़ कर परिवार से,सह कर समाज के तानों को
सपनों के पीछे वह दिल्ली आ पहुंची।

वह सरकारी तंत्र को समझना चाहती थी ,
उसका हिस्सा बनना चाहती थी,
उसे बदलना चाहती थी ।

पर सरकारी तंत्र के सैलाब ने ,
उसकी सांसों को ही ,
उसके सपनों कि कीमत बना दिया ।

अदा कर गयी वो कीमत भी ,
पर सपने बह गये उस सैलाब में।

जीत गया सरकारी तंत्र और उसकी विरासत ।।

-----x-----x-----

(दिल्ली के करोल बाग घटना में जान गवाने वाले छात्रों की याद में)

17. रतन टाटा जी

ए रतन, अपने वतन के रतन,
कर गए कमाल अपने वतन के वास्ते ,
दिया अपना अर्थ गरीबों के कल्याण के वास्ते,
ए रतन, अपने वतन के रतन ।

गुणवत्ता का जो मानक रखा,
अविस्मरणीय इसका प्रमाण,
ए रतन ,अपने वतन के रतन।

भारतीय अर्थव्यवस्था बढ़ती रही ,
आपके व्यवसायिक विस्तार से,
ए रतन ,अपने वतन के रतन।

विश्व प्रख्यात टाटा के सरदार,
मनवाया तूने लोहा लेकर लैंड रोवर और जगुआर,
ए रतन, अपने वतन के रतन।

संसार के हर कोने में फैली है तेरी पहचान,
तूने बनाया हर दिल को गर्व का आसमान,
ए रतन, अपने वतन के रतन।

सीखा गए आप व्यावसायिक नैतिकता का सार,
संसार में सदा जीती रहेगी तेरी हस्ती हजारो साल,
ए रतन ,अपने वतन के रतन ।।

-----x-----x-----

18. बहनें- एक अलौकिक साथी

बहने है वो आईना जो कभी न तोले मुझको,
हर हाल में स्वीकारे, न न्याय करे मुझको।

माँ की छवि है तुममें, ममता का वो छोर,
नारी के गौरव का तूमने दिया है ज़ोर।

जब भटकूँ तो डाँटकर राह दिखाती है,
तुमसे निःस्वार्थ प्यार की खुशबू आती है।

साथ-साथ बढ़ते इस रिश्ते में गहराई है,
हर मुश्किल में मिली तेरी परछाई है।

मेरे सपनों को तूमने सदा उकसाया है,
अभिभावकों की असहमति में भी सहारा पाया है।

शांत करती ज़ख़्मों को, तूम मेरी मरहम हो,
सुरक्षा तेरा स्वभाव, कवच तुम्हारा बंधन है।

मेरी पागल हरकतों में भी तुम नाचे हो,
नादानियाँ में तुम साथ भागे हो।

लड़ना-झगड़ना जैसे रोज़ का काम हो,
पर अगले ही पल प्यार का पैगाम हो।

ओ मेरी बहना, तूम अलौकिक उपहार हो,
जीवन के सफर में ही सच्चा प्यार हो।

तूम दोस्त भी हो, पथ-प्रदर्शक भी हो,
मेरी हर खुशी के तूम पहले दर्शक भी हो।

-----x-----x-----

19. भारत की सियासत: स्वार्थ का चक्रव्यूह

वोट बैंक की राजनीति का देखो ये खेल निराला,
अपनों का उद्धार, बस स्वार्थों का मेल पुराना ।

जनता की परवाह किसे, अपना ऐश-ओ-आराम है,
हर सुविधा हो इनके पास बस यही इनका अरमान है।

करते तिरस्कार एक-दूजे का मंचों पर,
पर पर्दे के पीछे इनका समूह है पंचों का।

यहाँ जाति- धर्म और भाषा की आग है,
क्षेत्रवाद की दलदल और गरीबी का राग है।

भगवान के नाम पर मांगते हैं यहां पर वोट हैं
करते एक दूसरे की आस्था पर चोट है।

हर भावना यहां सियासी दाव है
जो करती एकजुटता पर घाव है।

क्रान्तिवीरों के सपने यूँ चूर-चूर हो गए,
ऐसा लगता है हम अपने देश से दूर हो गए।

यहाँ भ्रष्टाचार है लोकतंत्र का पाँचवाँ स्तंभ,
जो भीतर से खोखला करता इस देश का दंभ।

यही है भारत की राजनीति, जहाँ विकास है मौन,
बस चुनाव की चर्चा है, कौन बनेगा कौन?

इस गंदगी के ढेर में, यही है नियति अब अपनी,
कम गंदा चुनना है, यही लोकतंत्र की जननी।।

-----x-----x-----

20. एक लड़का होना...

एक लड़का होना क्या इतना आसान है?
वह दुनिया की हर उम्मीद का इम्तिहान है।

"लड़के हो, रोना नहीं,"
दर्द छुपाना क्या इतना आसान है?
पत्थर बनना पड़ता है, दिल का कहाँ सम्मान है।

"लड़के हो, शर्माना नहीं,"
जज़्बातों को दबाना क्या इतना आसान है?
हर पल मर्दानगी का देना प्रमाण है।

"लड़के हो, नौकरी करो,"
कल के बोझ तले दबना क्या इतना आसान है?
ख्वाहिशें छोड़कर, सिर्फ़ कर्तव्य का ही गान है।

"लड़के हो, ज़िम्मेदारी लो,"
हर गलती का भार उठाना क्या इतना आसान है?
खुद के लिए वक़्त नहीं, बस अपनों का ध्यान है।

"लड़के हो, मज़बूत बनो,"
हर वक़्त लोहा बने रहना क्या इतना आसान है?
अंदर की कोमलता को मारना ही सम्मान है।

"लड़के हो, झुको नहीं,"
अहंकार की दीवार खड़ी करना क्या इतना आसान है?
रिश्तों में नरमी नहीं, बस अपनी बात महान है।

"लड़के हो, खाना मत बनाना,"
बटां काम, ये कैसा विधान है?
घर की खुशियों में हाथ ना लगाना, ये कैसा फरमान है।

"लड़के हो, बीवी से न दबो,"
प्यार में भी ज़ोर दिखाना क्या इतना आसान है?
अधिकार की जंग में खोया हर अरमान है।

लड़के हो...
बस 'लड़का' बनके रह जाओ,
इंसान बनना क्या इतना आसान है?

-----x-----x-----

21. जीवन की ज्योति

जब इस जग में ख़ुद प्रभु न आ सके ,
माता-पिता को उन्होंने धरती पर भेज दिया।

हर संकट में वो बने सहारे,
अंतिम साँस तक रक्षक बने हमारे।

हँसना, खाना, चलना हर इक रीत बताई,
आज पैरों पर खड़े हैं, उन्हीं की कमाई।

जीवन जीना और लड़ना सिखाया,
हर परिस्थिति से जूझना सिखाया।

हमारी ख्वाहिशें ने उनकी ख़्वाहिशे गढ़ी,
तभी तो सारी फरमाइशें परवान चढ़ी ।

नींद से जागे वो रात भर,
ताकि हम सो सकें सुकून भर।

खुद धूप सहा हमारे छाँव के लिए,
आराम त्यागा हमारे अरमान के लिए।

दे दिया हमे अपनी खुशियों का खजाना ,
तभी तो जीवन का हर पल बना सुहाना।

सब-कुछ करके भी न्योछावर,
चेहरे पर वही निस्वार्थ प्यार है।

शब्द कम पड़ते हैं बखान में,
जो स्वरूप हैं भगवान का इस जहां में।

उनकी मुस्कान में ही समाया संसार है,
उनका प्रेम ही तो जीवन का आधार है।

वो ही प्रेम हैं, वो ही आस्था हैं,
माता-पिता ही जीवन की शाश्वत गाथा हैं।।

-----x-----x-----

22. काग़ज़ की महक

ना कोई जाति ना कोई धर्म
ना कोई देश ना कोई प्रदेश
ना कोई शर्त ना कोई डर
यह कागज़ है, हम सब का घर

सब की बोली, सबकी आशा
एहसासों के सच्ची अभिलाषा

ना कोई भेद, ना कोई बंधन का जाल,
हर पल बुनता नई कहानी की ताल
काग़ज़ है यह बहुत बेमिसाल।

काग़ज़ में क्रांति के नारों की माला
घर घर पहुंची आजादी की ज्वाला
अंग्रेजो का हो गया देश निकाला
स्वतंत्र हुआ भारत देश हमारा।

जो बात ना कह सके हम किसी से
सुन लेता काग़ज़ बड़ी खुशी से 1

काग़ज़ है हमारे जीवन की बाती
जिसमें झिलमिल पुरानी यादों की ज्योती।

अनकहे राज हो या अनकहे एहसास
आंखों के आंसू या होठों की हंसी हजार
काग़ज़ है हमारे जीवन का दर्पण अपार

काग़ज़ है अनंत की कहानी,
इतिहास की एक निशानी
जिसमें छिपी है जीवन की रवानी।

काग़ज़ है एक रंगमंच की छाया
कवियों की रचना यहां,शायरों की महफ़िल यहां
सबकी कल्पना यहां ,हमारी भी मंजिल यहां।

-----x-----x-----

www.ingramcontent.com/pod-product-compliance
Lightning Source LLC
Chambersburg PA
CBHW070649240926
51846CB00003BA/846
* 9 7 8 9 3 7 5 1 0 2 4 8 9 *